理科<ruby>理<rt>り</rt></ruby>と社会<ruby>社<rt>しゃ</rt>会<rt>かい</rt></ruby>が
もっとすきになる

エコのとびら②

SAPIX YOZEMI GROUP

エゴちゃん

大地の女神 ガイアちゃん

この本の主人公であるエゴちゃんは、

まわりのことはおかまいなしで自分

勝手。いけないといわれたことも、

平気でやってしまうの。

そんなエゴちゃんに、「エコ」が

なぜ大切かを教えてくれるのが、

サポートメンバーの人たちよ。

理科と社会がもっとすきになる **エコのとびら❷** **もくじ**

登場人物 ……………………………………………………… 2

第❶話 けんえき ……………………………………………… 5

第❷話 アイガモ農ほう ……………………………………… 13

第❸話 雨水タンク …………………………………………… 21

　　エコウォッチャー　ミストそうち ……………………… 29

　　めいろ①▶里山 …………………………………………… 30

第❹話 住まいのくふう ……………………………………… 31

第❺話 打ち水 ………………………………………………… 39

第❻話 こん虫食 ……………………………………………… 47

　　エコウォッチャー　畑 ………………………………… 55

　　めいろ②▶にんじゃ屋しき ……………………………… 56

第❼話 ひなんルート地図 …………………………………… 57

第❽話 ハクビシン …………………………………………… 65

第❾話 生けがき ……………………………………………… 73

　　エコウォッチャー　かまどベンチ ……………………… 81

　　めいろ③▶かくれが ……………………………………… 82

第❿話 ジビエ ………………………………………………… 83

第⓫話 天ぷら油のリサイクル ……………………………… 91

第⓬話 PM2.5 ………………………………………………… 99

　　エコウォッチャー　バードウォッチング …………… 107

　　めいろ④▶動物園へ行こう！ ………………………… 108

　　めいろの答え …………………………………………… 109

　　ふろく　エゴちゃんキューブパズルで遊ぼう！

そう。あのね、おきなわにはイモを苦くして、食べられなくしてしまう「がい虫」がいるんだ

もし、きみがこのイモを持ち帰って、そこからがい虫がふえると……

日本中にあるサツマイモがひがいにあって食べられなくなってしまうかもしれない

ひょ～知らなかった

さい終あんないですお急ぎくださーい

8

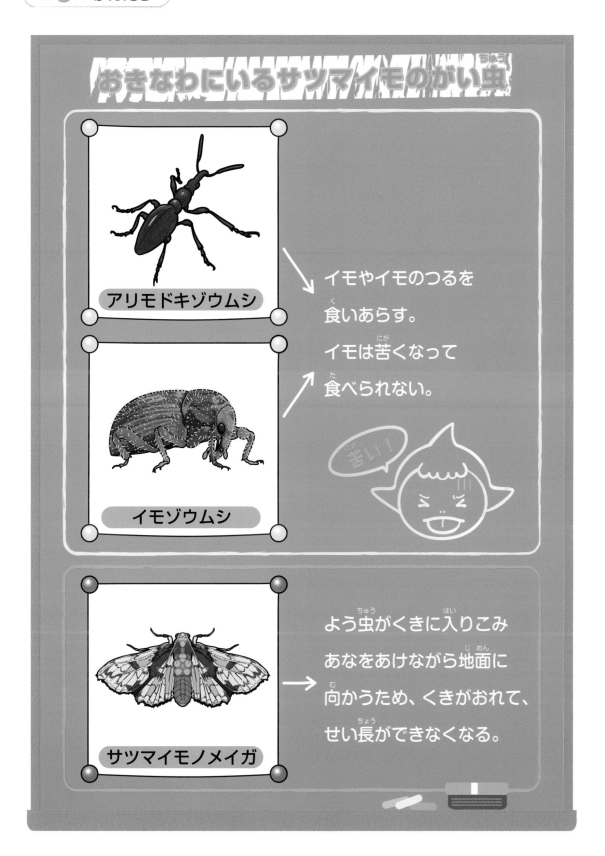

おきなわにいるサツマイモのがい虫

アリモドキゾウムシ

イモゾウムシ

イモやイモのつるを
食いあらす。
イモは苦くなって
食べられない。

苦い！

サツマイモノメイガ

よう虫がくきに入りこみ
あなをあけながら地面に
向かうため、くきがおれて、
せい長ができなくなる。

おうちの方へ

●検疫

　紅イモの場合は、葉や茎も県外への持ち出しは禁止です。イモの消毒は、個人であれば那覇植物防疫事務所に申請すると無料で行ってもらえます。消毒といっても農薬ではなく水蒸気を使用します。水蒸気に当てても高温ではないため、イモは生のままで、ふかしいもにはなりません。また、最近よく知られるようになったシークワーサーの場合は、果実の持ち出しは自由ですが、苗木については検査済みの物だけしか持ち出しはできず、検査には1年かかるといわれています。

　また、沖縄にはアフリカマイマイという大型のカタツムリがいます。農作物に被害を与えるほか、危険な寄生虫がいるため、持ち帰ることはもちろん禁止ですが、子供が触れないように注意してください。

第2話 アイガモ農ほう

およっ

ちょんちょん

こら〜

なにをしている‼

な、な、なにって
ちょっとつついた
だけじゃないか

こまるんだよ。
そういうの

ね、なんで、
畑で鳥を
かっているの？

ちょっとまて。
畑じゃない。
これは田んぼ

14

田んぼかぁ。田んぼってことは米ができる？

正かい！

この鳥はアイガモのひなだ。田んぼでりっぱに仕事をしている

はたらきものピヨッ

みんなが食べる米を育てている田んぼで鳥をかうなんて、ひどいじゃないか。鳥は池でかえば！！

はっ、はっ、はっ

16

そこで、アイガモを田んぼに放して米づくりを行っているんだよ

アイガモを使うことのよさ

① アイガモは
ざっ草やがい虫を食べる。

② アイガモのふんは、
イネのえいようになる。

③ アイガモが泳ぎ回ると
田んぼの土がかき回される。
すると土にはさんそが
たくさん入り、
イネの根を元気にする。
一方、ざっ草は、土がかき回され、
水がにごるとせい長できなくなる。

苦ろう？

なるほど。
そんないいことが
あるのに、どうして
ほかの田んぼでは、
やっていないの？

アイガモを使うには、
それなりに苦ろうが
あるんだよ

その一
アイガモがにげたり、
ぎゃくにカラスやイタチに
食べられたりしないように
ネットやさくがひつよう。

その二
アイガモを使ってても
生えてしまうざっ草は、
人がぬかないといけない。

その三
アイガモは、
実ったイネを食べる。
また、次の年まで
かいつづけるには、
えさ代がかかりすぎるので、
しょ分しなくてはならない

アイガモはうまいが、食べるために育てていないし、数も少ないから、なかなか売れなくてこまるんだ

カモ料理のれい

カモのロースト

カモなべ

ええっ。しょ分!?

ふう〜。いいことばかりじゃないなあ

うむ

エゴちゃんのつぶやき

アイガモと農薬どちらをえらぶか……

エゴ

おうちの方へ

●アイガモ農法

　農薬は農家の負担を減らし、作物の収量を上げることに貢献してきました。農薬がなければ私たちは豊かな食生活を送れていないでしょう。近年の農薬は安全性が高く、人体や環境に悪影響を与えることがないように使用法が定められています。とはいえ、農薬になるべく頼らないことも大切です。アイガモ以外にカブトエビを使った稲づくりも行われています。カブトエビの良さはボウフラや雑草をよく食べ、乾燥に強い卵をたくさん産み、その卵が残っている限り、田んぼで発生し続けることです。アイガモに比べると成体を処分する手間もありません。また、カブトエビは農薬を使うと死んでしまうため、カブトエビが生息する田んぼは無農薬栽培を行っている証明にもなるということです。

第**3**話 雨水タンク

ジャー

地球上の水をおふろの湯船1ぱい分とすると、ぼくたちが使える水はスプーンで、1ぱいぐらいしかないんだよ

地球上の水

湯船1ぱい分

↓

使える水

スプーン1ぱいほど

ええっ。
たったそれだけ？

それを地球上の全ての人が使うのよ

そりゃあ、たいへんだ。でも、海があるから海水を使えばいいのに

海水はしおからくてそのままでは飲めないよ

飲める水にできないの？

そうちはあるんだけれど、高いし、それを使いつづけるのにはお金がかかる

24

じゃあ、水道の水はどこからくるの？

主に川。
だから、日本のように雨がよくふるところは水がゆたかだといわれているの

ところが、日本は人口が多い。
そのため、ひとりあたりが使える水のりょうは、それほど多くないんだ

じょう水場

取水せき

きゅう水所

配水（水道）かん

下水道かん

25

それに、海水ほどではないけれど、川の水を飲める水にする時もエネルギーやお金はかかる

そこで、雨水をためて、利用するのさ。
その分、水道水を使わずにすむし、雨水はただだからね!

そっか。それで、これ飲めるの?

それはちょっと〜。でもさ、花の水やりとか、上ばきあらいには、使えるよ

きみもうちに帰ったらやれば?

え?だって、こんなそうちないよ

大阪ドーム、東京ドーム、
福岡ドームなどでは、
屋根を利用して雨水をため、
トイレの水などに使っています。

大阪ドーム

東京ドーム

福岡ドーム

バケツを出すだけ
でもオーケー

ペットボトルでも
いけるかも!?

エゴちゃんのつぶやき

まてど
くらせど
雨はふらず……

エゴ

おうちの方へ

●雨水タンク

　海外ではいまだに水くみに何時間も費やす国があります。そういった国では雨水タンクは大変貴重な設備です。仕組みは簡単で、エネルギーも不要です。

　一方、水道が整備されている日本であっても、渇水が全くないわけではありません。その上、日本は災害が多い国です。過去の事例からみると、水道の復旧には、早くても数日、遅くなれば何週間もかかってしまいます。雨水タンクの水は飲み水にはなりませんが、トイレの流し水には十分役立ちます。また、平常時では庭木の水やりや打ち水に使用できます。助成金が出る地域もあるようですので、設置を検討される場合は、お住まいの役所等に問い合わせをすると良いでしょう。

ミストそうち

夏になると屋外で活やくするのが、ミストそうち。
とても小さいあなから水をおし出して、まきちらす。
ミストそうちは、かんこう地や、お店などにもあるが、
農場でも使われる。牛の暑さたいさくや、
ハウスでさいばいする作物を
高温やかんそうからまもるんだ。
顔や服がぬれないか心配な人、
ミストそうちをぜひ、体けんしてみよう！

赤(あか)いとりいからかやぶき屋根(やね)の家(いえ)の
ところまで行(い)くにはどの道(みち)を行(い)けば
いいかな。たどってみよう！

里山(さとやま)の中(なか)に田(た)んぼで見(み)られる生(い)き物(もの)がかくれているよ。
さがしてみよう。
かくれているエゴちゃんの顔も見つけてね！

第4話 住まいのくふう

ほんとだ。
この家にはなにか
ひみつがありそうだ

大家さんは
まほう使いだったりして!?

まさか。
でも、せっかくだから、
この家がすずしいひみつを
教えてあげる

ひみつ1は
さっきの「風通し」。
そして2は、
この「ござ」よ

じゅうたんじゃ
ないんだ

そう。じゅうたんは
あたたかいけれど、
夏だともっさり
しちゃうわよね。
でもござは、
さらっとしていて、
しかもしっけを
すってくれるの

ひみつ3は風りん。
きれいな音がすると
なんとなくすずしく
感じるのよ

そんなものかな〜。
じゃあ、このぶら下がって
いるのはなに?

ひみつ4の「すだれ」。
すき間があるから、風は通るし、
レースのカーテンよりも
日ざしをふせげるわ

すだれね

そしてひみつ5は
緑のカーテン。
強い日ざしをふせぎ、
まわりの気温を下げるのよ

お、キュウリだ

どうぞ。
食べてみて

おいしい!!
緑のカーテン
というよりは
食べられる
カーテンだね

キュウリは体のねつを下げるといわれている野さいだから、夏にはうってつけ

へ～。知らなかったな。じゃあ、あれはなに?

「かや」。まどを開けていると「カ」などの虫が入ってくるでしょ

「かや」はその虫をふせいで、あの中でねると、かいてきなのよ

うわ～。なんだか楽しい

ただいまー

あら、おじいさんが帰ってきたみたいよ

36

おっ、またお前さんか。今日はどうした?

エアコンがこわれたんですって

ほーほー。それはさいなんじゃ。しゅうりやさんはこんでいるからすぐには直らんぞ

暑いのはいやだ。すぐに直して

そういわれても、わしには直せん。今日のところはうちわでしのいでくれ

うううっ。ありえな〜い

エゴちゃんのつぶやき

エアコンは
動かなければ
ただの箱
たよりになるのは
住まいのくふう

エゴ

おうちの方へ

●住まいの工夫

　徒然草には「家の作りやうは、夏をむねとすべし。」とありますが、冷房が完備された現代では、むしろ冬の寒さを防ぐために気密性が高く、熱を逃がさない家づくりが行われています。

　日本では昔から、衣替えと同時に夏のしつらえとして、家の中の建具を通気性の良いものに替える地域があります。しかし、近年は地球温暖化やヒートアイランド現象の影響か猛暑日も増え、冷房を使用しない生活は厳しいのではないでしょうか。ただ、冷房で体が冷えすぎて、体調を崩す場合もありますね。朝晩などは冷房に頼らず、涼を取り入れる工夫をすることは、エネルギーの節約にもなり、体にもやさしいといえるでしょう。

おや〜
あっちも
こっちも
ゆかただらけ

暑さたいさく
打ち水イベント
ゆかたを着て、
気分をもり上げよう！

おう、エゴちゃん。打ち水をやるんだよ

ね、どっかでおまつり？

打ち水ってなに？水をバットで打つの？

そう、そのとおり……。

じゃなくて、水をまいてまちをすずしくするんだよ

どうして水をまくとすずしくなるの？

それではじっくりとせつ明しよう

長い話はいやだな

まあ、いいから。まずは足元を見ろ。この道路はアスファルトでほそうされている。ちょいとさわってごらん

あったかい

もう、夕方なのにまださめない。つまり、アスファルトの道路は、太陽のねつをためこんでしまうんだ

で？

ねつが道路にためこまれていると、道路に近い空気があたためられて気温がなかなか下がらない

もあ〜

そのけっか、夜でも気温が25度以上の「ねったい夜」がふえるんだ

25℃

へええ

さ、ぬれたハンカチをうでにまいたほうとまかなかったほうではどっちがつめたく感じる？

まいたほう

それだわさ。あんたのうでと道路は同じ

道路にまかれた水はまわりのねつをうばってじょう発する。

すると、道路の表面や近くの空気がひえて、すずしくなる。

ねつ　ねつ
ねつ

なあるほど〜。それで打ち水をするのか

水のじょう発とは……

えき体の水が、目に見えない気体（水じょう気）になること。

わしがこれからせつ明しようとしていたのに！

れい）
・水たまりが、いつの間にか消える。
・ぬれたせんたくものがかわく。

でもさ、みんなで打ち水をするには、多くの水がひつようだよね。エコじゃないぞ～

おっ、いいところに気がついたな。だから、打ち水では水道水ではない水をまくんだ

使い終わったおふろの水とか、ためといた雨水とかだわさ

ラーメンのしるとか、飲みのこした牛にゅうとかジュースでもいいの?

それはまずいだろう。においし、えいせいてきではない

さ、おまえさんもいっしょにやろう!

いや、いい。だってゆかたがないからさ

わたしのお古を着ればいい

そうだ。リユース(使いまわすこと)だ!

おうちの方へ

●打ち水

　昔の道は土でした。そのため、打ち水は土ぼこりを防ぐ役割も果たしていました。現在では、ヒートアイランド現象の緩和といった目的で、打ち水が奨励されています。ところが、街中の道はアスファルトで覆われているものが多く、日中に打ち水をするとすぐに蒸発してしまいます。おすすめは、朝夕の涼しい時間帯です。その際、日なたよりは日陰で行うと効果が持続しやすいです。玄関や庭先、ベランダなどにまくのもよいでしょう。

　一方で舗装の技術が進み、保水性舗装の道路では夏場の路面温度が10℃〜 20℃ぐらい下がるといわれています。保水された水分が蒸発することで熱がうばわれる仕組みは打ち水と同じです。

第6話 こん虫食

いいか。げんざい、世界の人口は、だいたい80億人（*1）。

そのうち7億3千5百万人ほどは、十分に食べることができないといわれている（*2）

しんじられん

本当のことだ。今でも食べ物が不足するだわさ

そうなのに、2030年には、人口が85億人（*1）にもなるといわれている

そんなにいーい

もっともっと牛やぶたや魚を育てればいいじゃないか

＊1出典：国連「世界人口推計2022年版」
＊2出典：国連「世界の食料安全保障と栄養の現状（SOFI）」

そうはいかない。家ちくを育てるには土地がひつよう。森を切り開くから、かんきょうによくない。

それに家ちくやようしょくの魚にはえさがいる。そのえさには人間にも食べられるものがたくさん使われている

肉牛

えさ

マダイ

えさ

そりゃ、もったいない

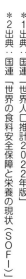

そこでだ！
これからは
こん虫を人間が
育ててふやし、
食ざいやしいくされる
生き物のえさとして利用しよう
という考えがあるんだ

そこらへんの
をとればいいじゃんか

しぜんのものを
全部とればいなく
なってしまうし、
毎年、同じ数が
発生するかは
わからないだわさ

こん虫は
育てるのに
家ちくよりも、
土地や水が少なくて
すむしな

なるほど

えさだって少ない。
牛肉1キログラムを
作るには、10キログラム
ほどのえさがひつよう。
一方、こん虫の
肉1キログラムならば、
えさは2キログラムあればよい

おトクなんだな

鳥や牛の病気は人間にうつることがある。一方、今までのところ、こん虫の病気が人間にうつったという話はないらしい

牛海綿状脳症（うしかいめんじょうのうしょう）

鳥インフルエンザ（とり）

そりゃ、いいね

まだまだけんきゅうがひつようだが、こん虫食は世界中で当たり前になるかもな

イナゴのつくだにができたら、あんたにもとどけるだわさ

エゴちゃんのつぶやき

エビだかイナゴだかよくわからん

思ったより、うまい！

エゴ

53

おうちの方へ

●昆虫食

　大正時代のアンケートによると、日本での昆虫食はハチ類のほか、バッタやガなど55種におよんでいたといわれています。特に内陸の長野県ではさまざまな昆虫が食べられており、現在でもイナゴのほか、ハチの子（幼虫やさなぎ）、カイコのさなぎ、ざざむし（水生昆虫の幼虫）などが加工されて販売されています。日本では、食生活が豊かになり、だんだんと食べる機会が減ってきた昆虫食ですが、昔と違い珍味として大変高価になったものもあります。また、世界的にみると、食料不足を補おうと積極的に昆虫食を取り入れている国があるのも事実です。

畑（はたけ）

野さいの「しゅん」を知っているかしら？
「しゅん」とはその野さいがたくさんとれて、
いちばんおいしくえいようがたっぷりある時期のこと。
今は、いろいろな野さいがビニルハウスで育てられるから、
1年中食べられていつがしゅんだか、
わかりにくいわよね。
そんな時は畑に行ってみましょう。
畑では、そのきせつにあった野さいが
育てられていますよ！

めいろ② にんじゃ屋しき

エゴちゃんはにんじゃ屋しきにとりのこされてしまったよ。
わずかな風をたよりに、「物見やぐら」に向かいだっしゅつしよう。

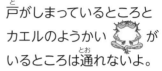

戸がしまっているところと
カエルのようかい が
いるところは通れないよ。

だっしゅつできたら……かくれているひらがなを上からじゅんに読んでみよう。
カエルのようかいの名前がわかるよ。　かくれているエゴちゃんも見つけてね！

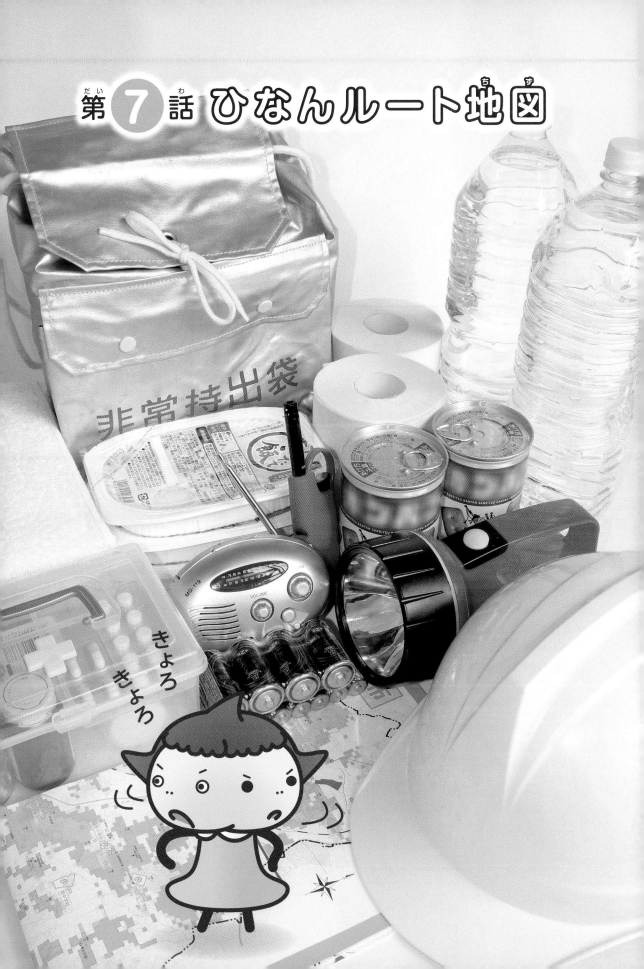

第7話 ひなんルート地図

ぶきみ……

ふふふ。つまりきみたちがいいたいのは、ぼうさいグッズをそろえろということかねぇ……

台風にそなえたほうがよくない？

そんなもん、つるしたって、大雨はふるだわさ

今は台風がよくやってくる時期だからね

てるてるぼうずより、

そんなものは、かんぺきにそろっている。たとえば、水、かいちゅうでんとう、それから……

わかった、わかった

ところで、ひなん場所は知っているかい？

ひなん？こんなまちなかで、ひなんするひつようなんてないじゃないか！

それがあるんだよ。アスファルトでほそうされている道路は水がしみこまない

だからちょっとしたくぼみに水がたまりやすい。急な坂道では、川のように水が流れ、坂の下には、プールのように水がたまるんだ

となり町でも、下水に流れこんだ雨水がマンホールからふき出してまちじゅうが水びたしになっただわさ

ええっ。それはおどろき！だけどさ、このあたりではそんな話は聞かないよ。だから、心配ない

近くの川の水がていぼうをこえたら、どうする？

さい近は、大雨や台風で予想もしなかったさいがいが起こっているよ

どこにいても安心してはいけないってこと?

だからひなんルート地図を作るだわさ

ひなんルート地図?

そう。自分の家から、ひなん場所まで、どのくらい時間がかかるか、どの道をえらび、どんなところに気をつけて歩くかをチェックするんだ

ここからだとひなん場所は中学校の体育館。きみもいっしょに行こう

行く行く

よし。わたしについてくるだわさ

ではまず、この道から

あ、たい長。ひびが入っているへいを発見!

よし、きけんチェック!×じるしをつけよう。メモは、「歩く時には近よらないように」

たい長、マンホール発見！きけんチェック！

こっちは、落ちそうなかんばん、発見！きけんチェック！

たおれそうな自動はんばいき発見！きけんチェック！

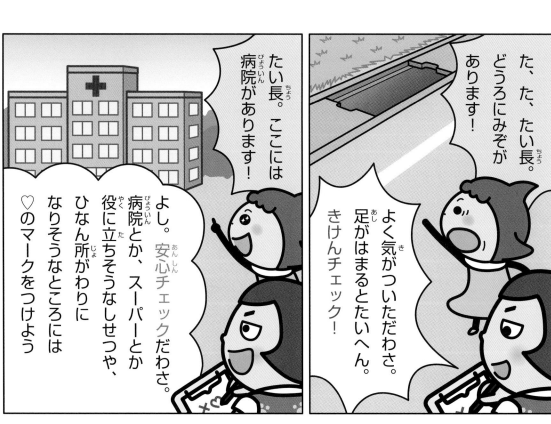

た、た、たい長。どうろにみぞがあります！

よく気がついただわさ。足がはまるとたいへん。きけんチェック！

たい長。ここには病院があります！

よし。安心チェックだわさ。病院とか、スーパーとか役に立ちそうなしせつや、ひなん所がわりになりそうなところには♡のマークをつけよう

あれ〜。ほんとは近道なのに工事しているよ〜

じゃあ、遠回りだけれど、大通りにもどろう。じっさいに歩いてみてよかったね

鉄道の下をくぐる道は、水がたまる場合があるから、きけんチェック！

こうしゅう電話は役に立つから安心チェック！

ひなん所にとう着。今日は、これでにんむ終りょうだわさ

きみもがんばったね。ひなんするときは、きみが近所の人をゆうどうしてあげてね

りょうかい！

エゴちゃんのつぶやき

みなさん、こわがらずにリーダーのわたしについてきなさい

おうちの方へ

●避難ルート地図

　ハザードマップの存在は広く世間に知られるように
なってきました。ご覧になったことがない場合は確認
してみましょう。いざ、災害が起こった場合、避難所に
たどりつくのが困難なこともあります。家庭によって
必要となる防災グッズに違いがあるように、家族構成に
よっては避難所にたどりつくまでの時間や、最適なルー
トが異なります。家族で避難所まで歩いてみることを
おすすめします。特に夜間は街のあかりがない場合もあ
りますから、すみやかに避難所にたどりつけるように、
迷いやすい場所には目印となるものを見つけておくと
良いでしょう。

みんな、
ひがいはないか?

うち! うちの
天井うらにいたのよ。
ハ・ク・ビ・シ・ン

ええっ

くじょをたのんだけれど、
ハクビシンはすでに
引っこした後。でも、うちは、
とんでもないことに
なっている。見にくる?

ハクビシンって
なに?

ハクビシンは同じ
ところにおしっこや
うんちをするから、
そのせいで、天井がくさって
あながあいたのよ〜

そうなのよ。
あれを見て

なんかくっさ〜い

ぞろぞろ

ハクビシンって
なに?

67

こら。口をつっしめ

うへ〜、きったなーい

いいわよ。

うちもこまってね。ハクビシンって、電柱を登れるし、電線をつたうこともとくいで、頭が入るぐらいのすき間から家の中に入りこみ、すみつくんだって

やつは、木登りもつなわたりもうまいのか……

いら

いら

ねえ、ちょっと！ハクビシンってなに？

今さら……。もっと早く聞けばいいのに

ネコ目ジャコウネコ科
体長：50 cmほど
しっぽの長さ：40 cmほど
とく長：顔に白い線
活動時間：夜
分布：ほぼ日本全国
食べ物：くだもの、トウモロコシ、こん虫など

ハクビシンが
いると、
こまるのはふんだけ？

とんでもない

ハクビシンによる まちでのひがい

- 夜中に動き回るから、
うるさい。

- ベッドにするために、
屋根うらのだんねつざいを
食いちぎり、だめにする。

- 人間にノミやダニ、
病気をうつす。

- 庭のくだものを
食べてしまう。

ハクビシンって
人間にとっては、

大、大、大
めいわく!!!

それなのに、
勝手につかまえては
いけないなんて……

「鳥じゅうほごかんりほう」
という決まりが
あるからな

自然を守るために、野生の生き物は、勝手につかまえてはいけないという決まりだよ

なにそれ？

そうはいっても、わしらの生活がそうよ！おびやかされてはこまる

そうだ！

そこで、ひがいがはっきりしていれば、とどけを出して、つかまえてもよいとされているんだ

＊かりをするめんきょがひつようです。

そっか。それにしてもまちにもすめるなんておどろき〜

まちには生ごみなど
えさになるものが
たくさんある。
それに、てきにねらわれない
屋根うらは、ねぐらになるし、
子育てもしやすいらしいよ

とにかく
すみつかれたら
やっかいだ

わしらはハクビシンが
すみつかないように、
家の点けん、
生ごみの始まつ
をしっかり行うんだ

生ごみの始まつ……

お〜い、
ごみおき場に
ハクビシンが
いるぞー

たら〜

ばれたー

エゴちゃんのつぶやき

生ごみを
夜間に出して、
大家さんから
大目玉

エゴ

おうちの方へ

●ハクビシン

　ハクビシンはどのような理由で日本に侵入したかは不明です。在来種のタヌキは人家の床下などをねぐらとしますが、ハクビシンは垂直移動が可能であるため、屋根裏にすみつくことが多く、やっかいです。一方、農村ではモモ、リンゴ、ミカン、トウモロコシ、サツマイモなどの作物に被害が出ています。ただ、農村の場合は、熟れすぎたもの、傷があるものなど商品価値がない作物が収穫されずに放置されたり、畑に捨てられたりすることがあり、ハクビシンを含む野生動物を引き寄せるといった指摘もあります。

　街中、農村問わず、えさとなるごみの処分をしっかりと行う必要がありそうです。

第 ⑨ 話 生けがき

よいしょ
よいしょ

こらっ〜
あぶないから
おりろ！

ぎょっ

うわ〜

けがはないか？
だいじょうぶか？

意外(いがい)に重(おも)い！

あせあせ

なにをいっている！
おまえが勝手にカキを
とろうとしたのに！

急に声をかけるから
いけないんだよ！

あんなところに
はしごをおいとく
ほうが悪いよ！

ちょっと、
一休みしていた
だけだろうが……

ストップ。
みんな
見てますよ

ふん
ふん
ふん

あやしい。あやしいな。
おじさんこそ、勝手に
人の家のカキをとって
いたんじゃないの？

ばかなこというな。
おれは
「植木しょく人」
だ

そういえば、ここは、
広い庭がありますね。
生けがきもあるし

生けがき？

一言で言えば、植物で作るかきねのことだよ

かきね？
ああ、へいのことか。
かわいそうになぁ。
この家、がっちりしたへいをつくるお金がないんだね

あちゃ〜。
最近の子どもは生けがきのよさを知らないのかね

この辺ではあんまり見かけないですから……

たしかに。昔は多かったが手入れがめんどうだということで、へってはいるな

で、生けがきのよさってなにさ？
もったいぶらずに教えてよ

その1 「きけんが少ない」

大きな地しんが起こると、ブロックでつくられたへいはたおれたり、こわれたりしてしまう

ええっ。
こわれるの!?

その2 「火事に強い」

生けがきは、字のとおり、
生きているから、水分がたっぷり。
近所で火事が起こっても
くい止めることができる

そして、人や物が下じきに
なってひがいが出る。
ところが、生けがきは
植物だから根をはり、
横にもしっかり組まれて
いるので、めったに
たおれることはない

その3 「人間にとって
よい空気をつくる」

植物は、人間の体に
よくないものや
にさんかたんそをすって、
かわりに人間が生きるのに
ひつようなさんそを出す

ついでに葉に
よごれがつくので、それだけ
ほこりからおれたちを
まもってくれる

ほぉ～

ここみたいに花が
さくものもあるから
風けいとしてもいいですね

おまけに、
ぼうはんにもなるぞ

ぼうはん？

かきねはそれほど
高くはないし、
えだの間には
ちょっとしたすき間が
あるから、中のようすが
かすかに見える

ほんとだ。
へんな人がいたら
発見しやすいね

つまり、
生けがきは
エコ＋どろぼうよけ
というわけだ

今では、生けがきをつくると
えんじょしてくれる
市町村まである。
おっといけない。
さっさと仕事をしないとな

あのカキは
どうするの？

おう、あれかい？
あれはあのままのこすんだ。
「木まもりがき」といってな。
来年もまた実るように
というおまじないでもあるし、
冬になるとえさが少なくなる
鳥のためにとらないで
おくという意味もある。
古くからの風習だよ

そんな意味が
あったんですか

エゴちゃんのおわび

おれいが
おくれて
すまん エゴ

今かよ〜

さっきは
助けてくれて
ありがとう

おうちの方へ

●生垣

　古くから日本では植物を垣根として利用してきました。高さのあるものは防風にも適しています。とげのあるカラタチやウコギなどは、防犯にもなり、特にウコギは食用になることから上杉鷹山が垣根に利用することを奨励したという話が伝わっています。防火の役割も果たしますが、樹種によって防火力には差があります。モチノキ、ツバキやサザンカなどは防火力が強く、マツや竹類、キンモクセイは燃えやすい樹種です。

　生垣は手入れが大変です。それでも美しい生垣の風景は観光資源として大事にされています。また、みどり豊かなまちづくりを目指す地域では、生垣をつくる場合の費用やブロック塀の撤去に助成金を出すこともあります。

かまどベンチ

日本は地<ruby>震<rt>じ</rt></ruby>しん、<ruby>台風<rt>たいふう</rt></ruby>、<ruby>火山<rt>かざん</rt></ruby>のふん<ruby>火<rt>か</rt></ruby>などのさいがいが
<ruby>多<rt>おお</rt></ruby>い<ruby>国<rt>くに</rt></ruby>だわさ。もし、さいがいにあったら……。
その<ruby>時<rt>とき</rt></ruby>に<ruby>役立<rt>やくだ</rt></ruby>つのがまちにあるせつび。

たとえば、しゃしんの「かまどベンチ」。ふだんは、ベンチだけれど
すわるところをはずせば、かまどになってごはんを<ruby>作<rt>つく</rt></ruby>る<ruby>時<rt>とき</rt></ruby>に<ruby>使<rt>つか</rt></ruby>えるだわさ。
そのほかトイレになるマンホール、お<ruby>金<rt>かね</rt></ruby>を<ruby>入<rt>い</rt></ruby>れなくても<ruby>飲<rt>の</rt></ruby>み<ruby>物<rt>もの</rt></ruby>が<ruby>出<rt>で</rt></ruby>てくる
<ruby>自動<rt>じどう</rt></ruby>はんばいき、<ruby>太陽<rt>たいよう</rt></ruby>のねつを
<ruby>利<rt>り</rt></ruby>用して、じゅう<ruby>電<rt>でん</rt></ruby>できる
がいろとうなんかもあるだわさ。
どこにあるかをたしかめておこう。

マンホールトイレ　　がいろとう（ひじょう用コンセント）　　さいがいきゅうえんベンダー

めいろ③ かくれが

大家さんがかくれがを作ったよ。ただし、ぼうさいグッズを7しゅるい集めないと
かくれがのとびらは開かないんだ。

1か**2**のどちらかの入り口から入り、かくれがまでたどりつこう!

ぼうさいグッズ □ チェックするといいね

水 □　　かいちゅうでんとう □　　ふえ □　　かんパン □

けいたいトイレ □　　ティッシュ □　　おんねつシート □

!注意!
同じ道は2回
通れません

82

かくれているエゴちゃんの顔も見つけてね!

第⑩話 ジビエ

食べているのを
ごまかすために、
いつしか肉を
植物の名前で
よんだとさ

これすなわち、
モミジはシカ
ボタンはイノシシ
サクラはウマと
いうわけだ

ふん。暗号みたいなものか……。
ってことは、今日の肉は
シカにイノシシ!?

しかも、「ジビエ」と
いって野生のものなのよ。
めずらしいでしょ

ジビエだから、
エコなべでもあ〜る

今や、シカ（ニホンジカ）は
＊222万頭、
イノシシは72万頭
ほどもいると
考えられている

出典：環境省「全国のニホンジカ及びイノシシの
個体数推定の結果について（令和3年度末）」
＊北海道をのぞく

は？

① 人間が、シカなどを
食べるオオカミを
ほろぼした。

② 人間の活動が元で、
気温が上がり、
寒さがゆるんだ。

③ かりをする人がへった。

つまり、
生きのびやすく
なったんだよ

なんでそんなに
いるの？

げっ

ふうん。
そういう
仕組みか……

それだけじゃないぞ。
日本で育てている家ちくのえさは、
外国から買っているものが多い。
だから、もし、外国が
そのえさを売ってくれなくなると、
ぶたや牛を
育てられなくなる

だから、日本の野生の
肉を手に入れられるのは
よいことだ

ささ、お勉強はそこまで。
とにかく食べてみるのが
いちばんよ〜

おくさんは、いいこと
言うな。だれかさんは、
話が長くてこまる

つべこべいわずに
とっとと食べろ！

エゴちゃんのつぶやき

ヒツジの暗号は
ないのかな？ エゴ

＊野生のヒツジは日本にいなかったため、
昔の日本人はヒツジを食べていませんでした。

おうちの方へ

●ジビエ

　ジビエはフランス語で、主に狩猟などで得られた野生の鳥獣肉を表す言葉です。ジビエはフランス料理において高級食材として扱われてきました。運動量が多いジビエは、脂肪が少なく、栄養価が高いといわれています。日本では狩猟の解禁がおおむね、11月から2月のため手に入るのは冬です。

　さて、現在シカとイノシシによる年間の農作物被害は101億円[1]にものぼります。ジビエを食べることは、農作物被害を減らし、狩られた命を大切に扱うことにつながります。なお、日本の場合、狩猟対象動物はすべてジビエとなるため、シカやイノシシのほか、ノウサギや、カモ、キジなども含まれます[2]。

＊1　出典：「全国の野生鳥獣による農作物被害状況について」（平成30年度）農林水産省HPより
＊2　参考：一般社団法人 日本ビジエ振興協会HP

第11話 天ぷら油のリサイクル

なんかにおうぞ

くんくんくん

おかしい、食べ物の屋台ではない。むむむ

こんにちは。あ、こっちに入れてくれる？

はい

うん？

なにこれ？

使い終わった天ぷら油よ

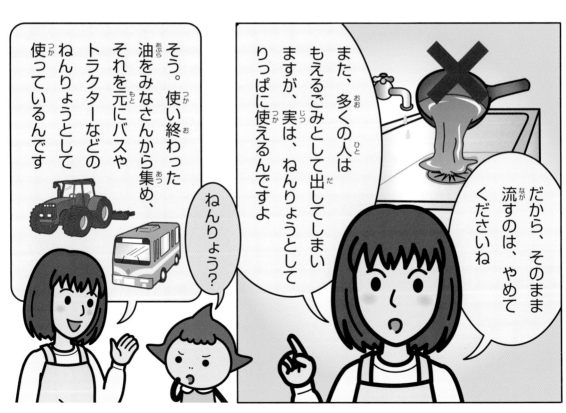

くんくん

ええっ。天ぷら油で
バスが動くの?

そうよ。ほら、
帰ってきたわ

自動車はガソリンや
軽油で動きますが、
それらにはちょっと
問題があるんです

ガソリン・軽油の問題点

① 使い続ければいずれ
なくなってしまう
石油から作られる。

② もやすと地球の気温を
上げるといわれている
にさんかたんそが出る。

しつ問！
天ぷら油をもやしても
にさんかたんそは
出ますよね？

はい、出ます。
ただ、天ぷら油は
植物から
できています

れい

ゴマ

ナタネ

ダイズ

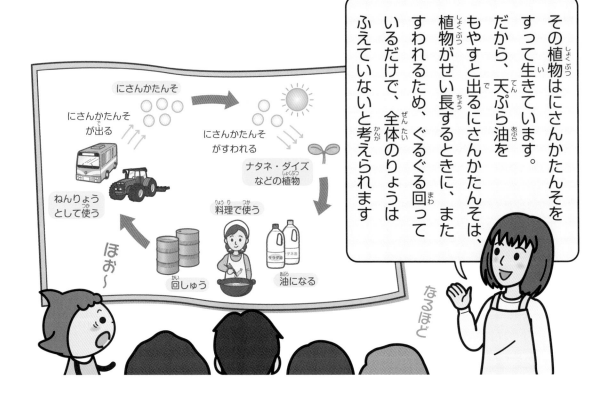

その植物はにさんかたんそを
すって生きています。
だから、天ぷら油を
もやすと出るにさんかたんそは、
植物がせい長するときに、また
すわれるため、ぐるぐる回って
いるだけで、全体のりょうは
ふえていないと考えられます

なるほど

にさんかたんそ

にさんかたんそ
が出る

にさんかたんそ
がすわれる

ナタネ・ダイズ
などの植物

ねんりょう
として使う

料理で使う

回しゅう

油になる

ほぉ～

96

しかも、みなさんが使い終わった油をリサイクルするからエコですよね

ふぅん

ね、ね、ね、話はわかったからさ、あのバスに乗りたい

ごめんね。乗りたい人がちょっと多くてね。使い終わった天ぷら油を持ってきてくれた人だけなのよ

わかった。それじゃ、持ってくる‼

わたしも

わたしも

わたしも

エゴちゃんのつぶやき

食べてよし、

乗ってよし

天ぷら油は

大かつやく

油をちょうだい

エゴ

おうちの方へ

●天ぷら油のリサイクル

　廃食油や菜種油、大豆油などはディーゼルエンジン用のバイオ燃料になり、バイオディーゼルと呼ばれ、枯渇や二酸化炭素の排出などの問題を抱える化石燃料の代替品として注目されています。最近の発明のような印象がありますが、ドイツ人のルドルフ・ディーゼルが1900年パリ万博でディーゼルエンジンを発表した時に使用した燃料は、ピーナッツ油、つまりバイオディーゼルだったのです。

　家庭から回収される廃食油は、植物性油だけです。回収に出す時は、水気をよく切った容器に、かすを取り除いて冷ました廃食油を入れ、ふたをしっかり閉めてください。

第12話 PM2.5

春

よしっ

きょろきょろ

待った。
大家さんだよね？

すみません。
先を急ぐので

へんそう
なんかして
あやしい～

いや、これは
花ふんしょうで

うそだー。
「薬がよくきいて、
今年はかいてき～」
とか言っていたよね

あ、そうだった。
いかんなあ、
わすれっぽくて。
これはPM2・5から
体をまもるためだ

100

PM2・5？
なにそれ？

教えてやろう。
PM2・5というのは、
「微小粒子状物質」という
むずかしい名前のものだ

かんたんに言うと、
ものすごーく
ものすごーく
とんでもなく小さい
つぶってことだ

そう言われても。
具体てきに
言ってほしいな

かみの毛の切り口が
このくらいの
大きさだとすると

こんなものかな

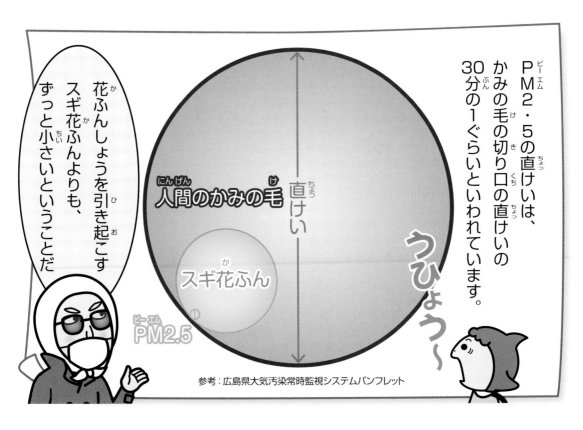

PM2・5の直けいは、かみの毛の切り口の直けいの30分の1ぐらいといわれています。

うひょう〜

花ふんしょうを引き起こすスギ花ふんよりも、ずっと小さいということだ

人間のかみの毛

直けい

スギ花ふん

PM2.5

参考：広島県大気汚染常時監視システムパンフレット

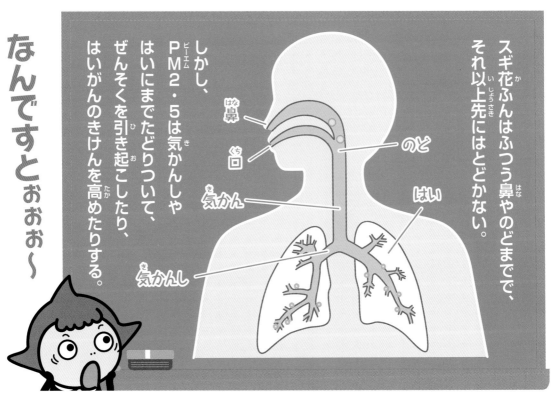

なんですとおおお〜

スギ花ふんはふつう鼻やのどまでで、それ以上先にはとどかない。

しかし、PM2・5は気かんしやはいにまでたどりついて、ぜんそくを引き起こしたり、はいがんのきけんを高めたりする。

鼻

口

のど

はい

気かん

気かんし

102

そりゃ、やだね。
そもそも、PM2・5は
どっから出てくるの?

いろいろなところから
発生する。
大きく分けると
3つだな

PM2・5の主な発生場所

① 自ぜんから出るもの
（火山やさばくの砂、植物が
出す化学ぶっしつなど）
② 人間の活動から出るもの
③ ①や②が大気中で
化学はんのうを起こして
へん化したもの

③ 化学はんのうから

いろいろなものがまじりあったり、
しげきを受けたりして元のものとは
ちがうつぶができる

PM2.5

ガス ガス

② 人間の活動から

① 自ぜんから

とくに
春先から
ふえると
いわれている

なんで?

103

実は日本より西の中国をはじめとしたアジアの国では、ねんりょうに石炭を多く使うことや、車の台数がいっきにふえたこともあって、PM2・5がたくさん発生する

それが、春先に西から東へふく風に乗って日本にやってくることがある。そのため西日本ではえいきょうをうけやすい

日本

そりゃ、そりゃ、こまったね。かべとか作れないしな

ああ、それらの国ぐにでも、日本と同じように、PM2・5をへらす努力はしているんだがな

かべ↓

なんだ、それじゃそんなに心配しなくていいじゃん

いいや。わしのような高れい者や、子ども、のどなどが弱い人は、気をつけたほうがいい

104

ちょっと、ちょっと。
へんそうしているのは
ちがう理由だわさ

じゃ、急ぐんで

強子！

来て来て！

大家さんのさけび

わしはただの
じいさんだ！
ファンだ！

あやしい方は
お帰り
ください

大家

ほら、あれだわさ

げっ

● PM2.5

　微小粒子状物質（PM2.5）とは、大気中に浮遊する小さな粒子のうち、粒子の直径が2.5マイクロメートル（1マイクロメートル＝0.001ミリメートル）以下の物質のことです。世界保健機関によると、世界中の15歳未満の子供のうち、93パーセントに当たる18億人がPM2.5のWHO大気質基準を上回る場所で生活していて、2016年には60万人もの子供が大気汚染に起因する呼吸器疾患で死亡したと報告されています（大気汚染と子供の健康に関する報告書より）。

　日本の場合、環境省では注意喚起のための基準を1日の平均値が1立方メートルあたり70マイクログラムを超える場合としています。数値は環境省大気汚染物質広域監視システム「そらまめ君」で確認できます。

バードウォッチング

バードウォッチングは、だれでもかんたんにできます。
とくに秋から冬は、木が葉を落とすから、
見通しがよくなり、鳥をかんさつしやすくなります。
湖や川、田んぼに行かないと見られない水鳥もいるけれど、
公園の池にも、冬になるとわたってくる
マガモやコガモがいるかもしれません。
家でかんさつしたい人は、
庭の木にリンゴやミカンをさしてみましょう。
鳥がやってきたら、そっと見まもってね！

動物園へ行こう!

天ぷら油からできたねんりょう 45 本をつんだバスで動物園に行くよ。ただし、数字のところを通るたびにねんりょうの本数がへっていくんだ。ねんりょうを全部使い切る前に動物園にたどりつくにはどの道を通ればいいかな。

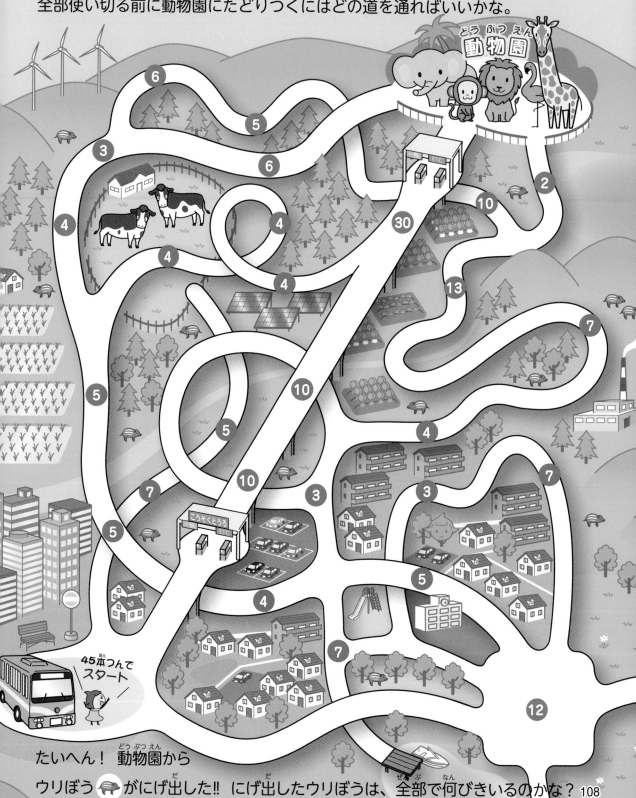

45本つんで
スタート

たいへん! 動物園から

ウリぼう がにげ出した!! にげ出したウリぼうは、全部で何びきいるのかな? 108

かくれているエゴちゃんの顔も見つけてね!

めいろの答え

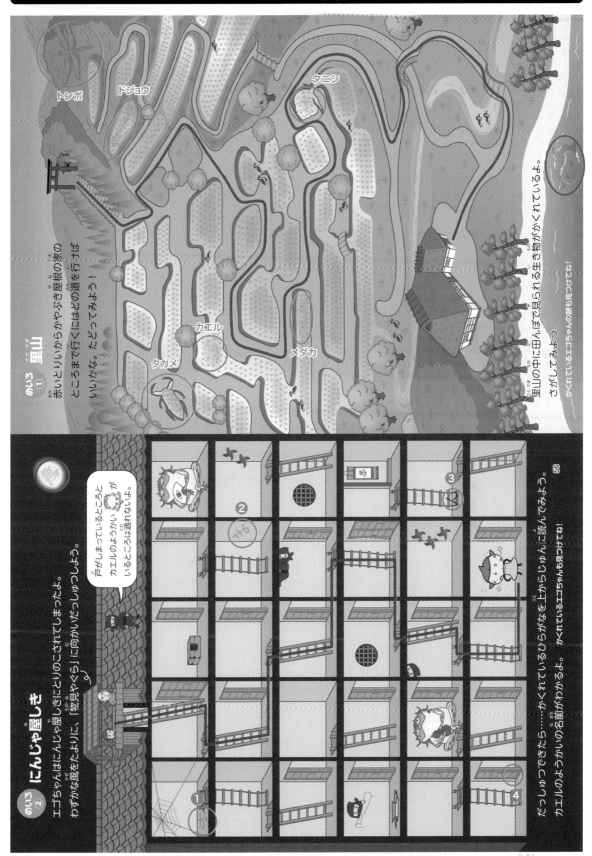

めいろ ① 里山

赤いといからかやぶき屋根の家のところまで行くにはどの道を行けばいいかな。たどってみよう！

里山の中に田んぼで見られる生き物がかくれているよ。さがしてみよう。

かくれているエコちゃんの顔も見つけてね！

トンボ　ドジョウ　タニシ　カエル　メダカ　タガメ

めいろ ② にんじゃ屋しき

エコちゃんはにんじゃ屋しきにとじこめられてしまったよ。わずかな風をたよりに、「物見やぐら」に向かいだっしゅつしよう。

戸がしまっているところとカエルのようかいがいるところは通れないよ。

だっしゅつできたら…かくれているひらがなを上からじゅんに読んでみよう。
カエルのようかいの名前がわかるよ。　かくれているエコちゃんも見つけてね！

① ② ③ ④

カエルのようかいの名前はがまんじ

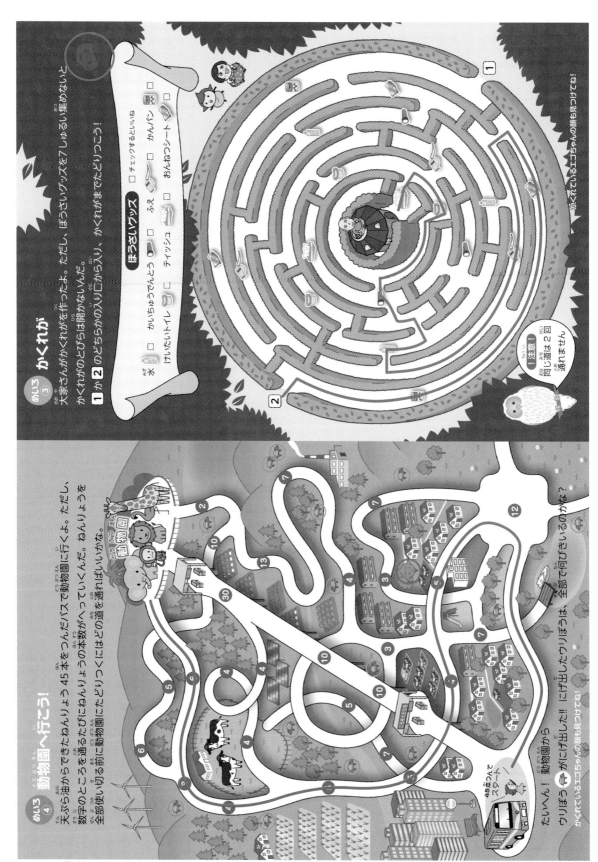

めいろ③ かくれが

大家さんからかくれがを作ったよ。ただし、ぼうさいグッズをてしゅぎいゆるい集めないと、かくれがのとびらは開かないんだ。
かくれがの入口からしい、かくれがまでたどりつこう！
❶か❷のどちらかの入口に入り、かくれがまでたどりつこう！

ぼうさいグッズ
- □ かいちゅうでんとう
- □ ティッシュ
- □ ふえ
- □ かんパン
- □ けいたいトイレ
- □ 水
- □ チェックするといいね
- □ おんねつシート

！注意！
同じ道は2回
通れません

めいろ④ 動物園へ行こう！

天ぷら油からできたねんりょう45本をつんだバス で動物園に行くよ。ただし、にぬりのところを通るたびにねんりょうの本数がへっていくんだ。ねんりょうを数字のところを通るたびにねんりょうの本数がへっていくんだ。どの道を通ればいいかな。
全部使い切る前に動物園にたどりつくにはどの道を通ればいいかな。

たいへん！動物園から ウリぼう ●● がにげ出した!!にげ出したウリぼうは、全部で何びきいるのかな？
かくれているエコちゃんの頭も見つけてね！

45本つんで スタート

・**写真提供**（P5・21・57・65・81・83）：ピクスタ

理科と社会がもっとすきになる

エコのとびら2

企画・編集	SAPIX環境教育センター
発 行 者	髙宮英郎
印刷・製本	三松堂印刷株式会社
発 行 所	代々木ライブラリー

〒151-0053　東京都渋谷区代々木1-38-9-3階
☎03-3370-7409

エゴちゃんキューブパズルで遊ぼう！

作り方

① 切りとり線 ——————— をはさみでていねいに切る。

② あ〜うの山おり線 ------------- をすべて山おりにする。

③ あ、いそれぞれをわにして、両はしをのりやセロハンテープでとめる。

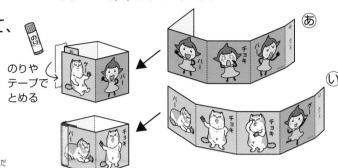

のりやテープでとめる

④ うを図のようにあといの間にくぐらせてから、両はしをとめる。

う

⑤ かんせい！

遊び方

さいころの形に組み立てよう。

① ぜんぶの面をエゴちゃんにしよう。

② ぜんぶの面をネコにしよう。

③ エゴちゃんとネコが向かい合うようにしよう。

チャレンジ！

向かい合ったエゴちゃんとネコがじゃんけんをするよ。

チャレンジ①
かならずエゴちゃんが勝つように組みかえよう。

チャレンジ②
かならずネコが勝つように組みかえよう。

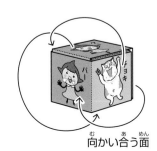

向かい合う面